AF325044

LA BLONDE

ET

LA BRUNE,

COMÉDIE EN VAUDEVILLE;

EN UN ACTE.

LA BLONDE

ET

LA BRUNE,

COMÉDIE EN VAUDEVILLE,

EN UN ACTE,

Représentée pour la première fois sur le Théâtre des Jeunes Artistes , rue de Bondi , le 12 thermidor an 6. (1798.)

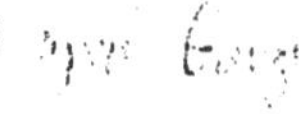

A PARIS,

IMPRIMERIE DE CHAIGNIEAU AINÉ.

AN XI. — 1803.

PERSONNAGES.

DORSON, père d'Émilie.
ÉMILIE, fille de Dorson.
VALMAIN, futur d'Émilie.
BLAISE, jardinier de Dorson.

La Scène se passe à la campagne, chez M. Dorson.

Le Théâtre représente un jardin, sur la droite est un bosquet, à côté des plate-bandes de fleurs, et sur la gauche est une serre.

LA BLONDE

ET

LA BRUNE,

COMÉDIE EN VAUDEVILLE.

SCÈNE PREMIÈRE.

BLAISE, *portant une bêche et un râteau.*

La belle matinée ! elle annonce un beau jour ; tant mieux, j'aurai plus de cœur à l'ouvrage, et mon jardin s'en ressentira. Mais, avant de commencer, songeons à préserver ces fleurs de la grande chaleur du jour.

Air : *Ah ! que je sens d'impatience.* (d'Asémia)

> Je viens, au lever de l'aurore,
> Reprendre en chantant mes travaux.
> Le plaisir m'y retient encore,
> Quand le soir m'invite au repos.
>   Heureux à mon ouvrage,
>   Comme dans mon ménage,
> Je bannis loin de moi le noir chagrin.
>   La paix du cœur est mon partage :
>   C'est le bonheur le plus certain.

Et dès le matin,
Pour me mettre en train,
Oui, chaque matin
Pour me mettre en train
J'arrose (*bis*) les fleurs de mon jardin (*ter.*)

Plus de vingt fois par jour je viens visiter cette couche de fleurs et ce bosquet que M. Dorson, mon maître, et sa fille aiment le mieux. J'ai du plaisir à le soigner et à l'embellir. Je suis étonné que M. Dorson ne soit pas encore venu, car il est matinal, et son premier soin est de venir visiter son jardin, et Blaise son jardinier; mais, je l'aperçois.

SCÈNE II.

DORSON, BLAISE.

DORSON.

Je te cherchais Blaise; j'ai parcouru tout le jardin sans te trouver. J'aurais dû me douter que tu étais ici, car tu donnes tous tes soins à ce lieu.

BLAISE.

Oui, monsieur, je cultive ces fleurs pour mademoiselle votre fille, qui les aime; et je soigne ce bosquet pour vous procurer une retraite agréable pendant la chaleur du jour.

DORSON.

C'est fort bien, mon ami, tu consultes nos goûts; chaque âge a ses plaisirs.

Air : *Du vaudeville de la Soirée orageuse.*

> La nature occupe toujours,
> Les premiers instans de notre âge.
> Les fleurs captivent nos amours,
> La rose obtient notre suffrage.
> Mais quand l'âge éteint nos ardeurs,
> Que la raison nous environne,
> Alors nous négligeons les fleurs
> Pour cueillir les fruits de l'automne.

Tu vois, mon cher Blaise, que tout en cultivant ces plate-bandes pour contenter les goûts de ma fille, il faut aussi soigner les fruits de mon jardin, dont je fais grand cas.

BLAISE.

Oh palsangué, ne vous mettez pas en peine; Blaise ne craint pas le travail, il saura faire face à tout.

Air : *Je suis un pauvre maréchal.*

> Croyez qu'avec ces deux bons bras,
> Le travail ne m'effraie pas :
> Je taille, je béche et ratisse,
> Je mets mon jardin en produit.
> Redouter de manquer de fruit
> Serait me faire une injustice;

J'ai du cœur,
De l'honneur,
De l'ardeur,
Du courage,
Et je viens à bout de l'ouvrage.

DORSON.

Ne te fâche pas , Blaise, je connais ton zèle ; mes réflexions n'ont été que pour t'engager à continuer, comme tu as fait jusqu'à présent. Va te mettre à l'ouvrage. (*Il le rappelle.*) Ah ! à propos, écoute : Valmain , fils d'un de mes amis, doit arriver aujourd'hui, et, pour lui éviter le mauvais chemin du village, je le fais entrer par la porte de mon jardin : ne t'écartes pas beaucoup d'ici , et dès qu'il arrivera tu viendras sur-le-champ m'en prévenir.

BLAISE.

Soyez tranquille , je me tiendrai près d'ici pour guêter l'instant où ce monsieur arrivera , et j'irai vous avertir tout de suite.

(*Il sort en chantant.*)

J'ai du cœur ,
De l'honneur,
De l'ardeur,
Du courage ,
Et je viens à bout de l'ouvrage.

SCÈNE III.

DORSON, *seul.*

Je puis enfin m'occuper du bonheur de ma fille,
et lui procurer un établissement avantageux ;
jeune, vive, et sur-tout espiègle, mais tendre et
sensible, son cœur, entièrement livré à l'amour
filial, ne songe point encore à former d'autres
liens ; j'y dois songer pour elle ; et ma tendresse
paternelle m'en impose la loi. Valmain voulant
resserrer les nœuds de l'ancienne amitié qui nous
lie, me propose son fils pour l'époux de ma fille.
Il m'écrit que ce jeune homme doit se rendre
ici aujourd'hui ; il m'ajoute qu'il est un peu léger,
volage et difficile à fixer ; mais il répond de son
cœur et de ses principes honnêtes ; alors je suis
tranquille, et ma fille saura déterminer son choix.
Qui pourrait résister aux charmes d'Emilie ! et
encore plus à ses vertus. O ma fille ! je puis donc
entrevoir, pour ta destinée, un heureux avenir.

Air : *Dès ce soir l'hymen m'engage.*

Ton bonheur, mon Emilie,
Fut l'objet de tous mes vœux.
A l'hymen je te confie,
Qu'Amour en serre les nœuds.

D'une épouse, hélas ! trop chère,
Tu me rappelles les traits;
Mais, ton amitié sincère
Sait dissiper mes regrets.

Tout mon bonheur, mon Emilie, etc.

Je la vois qui s'avance, je vais lui faire part de mes projets.

S C È N E I V.

D O R S O N , E M I L I E.

E M I L I E.

Je vous cherchais, mon père ; vous savez que je ne crois pas avoir bien commencé ma journée quand je ne vous ai pas embrassé.

D O R S O N.

Chaque jour, ma fille, je reçois avec plaisir ce nouveau gage de ta tendresse. *(Il l'embrasse.)* Tu venais aussi, sans doute, visiter tes fleurs ; jeune et fraiche comme elles tu leur ressembles.

E M I L I E.

Pas tout à fait, mon père.

Air : *Que ne suis-je la fougère.*

Quand je vois la fleur nouvelle
S'épanouir le matin,
Je me dis : quoique moins belle,
Je préfère mon destin.

Pour la main qui la fit naître,
Fleur ne peut avoir d'amour.
Je sais aimer et connaître
Celui dont je tiens le jour.

DORSON.

Tes sentimens sont bien payés du retour le plus tendre; mais j'ai à te parler d'une affaire importante.

EMILIE.

D'une affaire importante, à moi; vous plaisantez surement.

DORSON.

Non, ma fille. Jaloux de reconnaître tes soins et ta tendresse, j'ai voulu assurer pour jamais ton bonheur, en te procurant un établissement digne de toi.

EMILIE.

Et ce mariage est pour assurer mon bonheur?

Air : *Jeunes amans cueillez des fleurs.* (de l'Amour filial.)

Pour jouir de sa liberté,
Fille chérit le mariage ;
Et croit voir la félicité,
Dans le nœud sacré qui l'engage.
Il ne manque rien à mon cœur ;
Mon sort est tranquille et prospère.
Je ne puis trouver le bonheur,
Que dans l'amitié de mon père. (*bis.*)

DORSON.

Cela n'y doit rien changer ; le cœur peut se livrer à l'amour sans que l'amitié souffre du partage. Mais, continuons. J'attends aujourd'hui, chez moi, le jeune Valmain.

EMILIE.

Quel est cet étranger ? mon père.

DORSON.

C'est le fils d'un de mes anciens amis, que j'ai choisi pour ton époux ; je désire qu'il parvienne à te plaire ; mais sois sure que jamais je ne forcerai ton choix.

EMILIE.

Un époux présenté par vous me sera toujours cher. Mais je n'ai jamais vu M. de Valmain ; voudriez-vous, mon père, me le faire connaître avant son arrivée ?

DORSON.

Très-volontiers. Le jeune Valmain joint à une tournure agréable, de l'amabilité, des talens et des vertus ; mais je dois te prévenir d'une chose, il connaît ses avantages, et croit qu'une femme ne peut s'empêcher de l'aimer, ce qui le rend indécis dans son choix. Imaginant, sans doute, que la variété de la nature dans les attraits des femmes influe sur leurs caractères, il ne sait à

qui donner la préférence de la Blonde ou de la
Brune. Ce caprice, qui annonce de la légèreté,
ne doit pas t'inquièter. Valmain est trop loyal
pour manquer à sa foi, quand il sera devenu ton
époux.

E M I L I E.

Convenez cependant, mon père, que ce défaut
gâte un peu le portrait que vous me faites.

D O R S O N.

Rassure-toi ; en te voyant il se corrigera.

E M I L I E.

C'est de la galanterie.... Mais, j'imagine un
moyen.

D O R S O N.

De le corriger ?

E M I L I E.

Oui sans doute, et même avant le mariage.

D O R S O N.

Voyons, confie-moi ton dessein.

E M I L I E.

C'est mon secret, c'est le premier que j'ai pour
vous ; permettez que je le garde. C'est une folie,
c'est.... ah ! dites-moi, je vous prie, Valmain
sait-il que je suis fille unique ?

D O R S O N.

Pourquoi cette question ?

EMILIE.

Elle importe beaucoup à la réussite de mon projet.

DORSON.

Je présume que Valmain ignore entièrement quel est l'intérieur de ma famille ; il n'est jamais venu chez moi , et sans doute son père connaissant sa légèreté , ne sera pas entré là-dessus avec lui dans beaucoup de détails.

EMILIE.

Tant mieux. Daignez , par votre discrétion , me seconder dans mon projet.

DORSON.

Quel qu'il soit je souscris à cet arrangement ; cependant, prends garde d'échouer.... Mais non, les femmes ont tant de ressources dans l'esprit.

Air : *Du vaudeville de l'Officier de fortune.*

On peut compter sur leur adresse,
Pour réussir dans leurs projets.
A la malice , à la finesse ,
Elles doivent tous leurs succès.
Pour fixer un époux volage ,
Ou punir l'amant indiscret ;
Pour vous ce n'est qu'un badinage ,
Femmes , voilà votre secret.

EMILIE.

Vous piquez mon amour-propre , et j'emploierai tout pour réussir. Vous me le permettez.

DORSON.

J'y consens volontiers. Je me retire même, pour te laisser réfléchir plus à ton aise à tes grands projets. (*Il sort.*)

SCÈNE V.

EMILIE, *seule.*

Vouloir corriger Valmain de sa légèreté ! je conviens que le projet est hardi, et c'est hasarder beaucoup d'en risquer l'épreuve. Mais, s'il a vraiment toutes les bonnes qualités que mon père lui suppose, je n'aurai, sans doute, qu'à m'applaudir de mon entreprise.

Air : *Il faut des époux assortis.* (du Prisonnier.)

> Femmes qui vous plaignez souvent,
> Des soucis de votre ménage,
> Il fallait, avant le serment,
> Profiter de votre avantage.
> Le meilleur moyen, j'en réponds,
> Si le prétendu sait vous plaire,
> C'est d'essayer quelques leçons
> Pour lui former le caractère.

J'ai besoin de quelqu'un pour m'aider dans mon projet : à qui m'adresserai-je ? Eh ! mais, Blaise notre jardinier .... Blaise, il a du zèle; mais

il est si peu intelligent. Après tout, c'est encore
lui sur qui je puis le mieux compter ; car

Air : *Claire est espiègle et cependant.* (de la maison isolée.)

> S'il est un peu sot ce n'est rien,
> Il a l'ame sensible et bonne ;
> Autant qu'il peut il fait du bien, .
> Et jamais de mal à personne.
> Ah ! contre de si bonnes gens,
> Quoique l'on fasse et que l'on dise,
> Je crois que l'esprit des méchans,

Ne vaut jamais, non non jamais, jamais ne vaut cette sottise.

Il doit être dans le jardin, et je vais l'appeler ;
Blaise, Blaise.

SCÈNE VI.

EMILIE, BLAISE.

BLAISE, *arrive en courant.*

Me voilà mamselle.

EMILIE.

Je t'ai fait quitter peut-être quelque ouvrage
pressé ?

BLAISE.

Ah ! morguenne, c'est égal, si l'ouvrage est
retardé, je travaillerai une heure de plus ce *soir.*
Ce n'est pas payer bien cher le plaisir de causer
avec une aussi bonne maîtresse.

E M I L I E.

Ton attachement me charme, mon cher Blaise.
Il faut que tu saches pourquoi je t'ai fait venir.
Ecoute, j'ai en tête un grand dessein, et

Air : *Daignez m'épargner le reste.* (des Visitandines.

> Pour me servir dans mes projets,
> Je t'ai choisi de préférence ;
> Ton cœur me répond du succés ;
> Mais Blaise, ton intelligence......

B L A I S E.

> Mam'selle, avec votre bonté,
> Tout ira bien, je vous proteste ;
> J'apporterai, de mon côté,
> Le zèle et la fidélité :
> Vous vous chargerez du reste.

E M I L I E.

Je conviens qu'avec cet arrangement cela pourra
aller. Apprends donc, qu'il doit arriver ici aujour-
d'hui un jeune homme.

B L A I S E.

Je le sais. Le fils de M. Valmain, n'est-ce pas ?
Votre père m'a ordonné de l'attendre ici.

E M I L I E.

Eh bien ! j'exige de toi que tu ne dises rien à
M. Valmain de notre famille.

B L A I S E.

Ça ne se peut pas, mam'selle.

E M I L I E.

Pourquoi ?

B L A I S E.

Parce que je n'ai d'autre bonheur que de parler de vous à tous ceux que je rencontre.

E M I L I E.

C'est bien , Blaise , tu lui en parleras dans un autre moment, Mais si tu veux m'être utile , ne lui dis rien la première fois que tu le verras.

B L A I S E.

Ça peut vous être utile ? Ah ! quoiqu'il m'en coûte, je ne dirai rien. Oui, mais, est-ce que vous croyez qu'il ne va pas, tout de suite, me parler de vous ?

E M I L I E.

C'est justement là-dessus que je veux te prévenir , et te faire ta leçon. Si Valmain t'interroge sur notre famille, et sur-tout, s'il te demande des détails sur les enfans de mon père , tu lui diras que nous sommes deux filles jumelles parfaitement ressemblantes , et qu'on ne peut reconnaître qu'à la couleur des cheveux ; l'une étant Blonde ; et l'autre Brune.

B L A I S E.

J'aime mieux ne rien dire du tout , mam'selle.

E M I L I E.

Pourquoi, Blaise ?

B L A I S E.

Pourquoi, mam'selle ? C'est que je sens là (*en montrant son cœur*) queuque chose qui me dit, qu'il ne peut y avoir ici qu'une Emilie.

E M I L I E.

Mais, mon ami, c'est une plaisanterie.

Air : *De la pipe de tabac.* (du petit Matelot.)

Quelquefois, pour se rendre utile,
Il est permis d'être trompeur.

B L A I S E.

Mam'selle il est si difficile,
De dire un mot contre son cœur.   (*bis.*)

E M I L I E.

Mes ordres t'excusent, je pense :
Pourquoi donc cet air d'embarras ?

B L A I S E.

Dam, mam'selle,
C'est que j'ai de la conscience.

E M I L I E.

Pour tant d'autres qui n'en ont pas.   (*bis.*)

Eh bien, te décides-tu ?

B L A I S E.

Dès que ça vous fait plaisir, je ne peux pas résister plus long-temps.

E M I L I E.

Te voilà enfin à la raison. Tu te rappelles tout ce que je t'ai dit, et tu me promets d'obéir ponctuellement ?

B L A I S E.

Oui, mam'selle.

E M I L I E.

Allons, je te laisse, songe à bien remplir ta commission.

S C È N E V I I.

B L A I S E, *seul.*

Je lui ai promis, j'obéirai. Elle est si bonne qu'on ne peut rien lui refuser. Mais que diable veut-elle faire avec ces jumelles et cette ressemblance dont il faut que je parle à M. Valmain qui doit venir ici ? Ma foi, je n'y comprends rien, moi ; au surplus :

Air : *Regards vifs et jolis maintiens.* (de Sargines.)

> Pourquoi vouloir, de son secret,
> Pénétrer ici le mystère ;
> Le chercher serait indiscret,
> Puisqu'elle a voulu me le taire.
> Laissons aux affaires leur cours,
> Ne nous occupons que des nôtres.
> Honni, ceux qui, dans leurs discours,
> Veulent répéter tous les jours,
> Tout ce qu'on a fait, ou qu'on n'a pas fait chez les autres. (*bis*)

Ma foi, je crois que c'est là pour le mieux. Mais j'entends claquer un fouet de poste..... Voyons.......

(*Il va voir.*) Une voiture arrêtée à la porte du jardin, un jeune homme qui descend et qui s'avance par ici; c'est surement M. Valmain; il arrive, je l'attends.

SCÈNE VIII.

BLAISE, VALMAIN.

VALMAIN.

Mon am, n'êtes-vous pas au service de M. Dorson.

BLAISE.

Oui, monsieur; à vous servir si j'en étais capable. Vous êtes, sans doute, M. Valmain que mon maître attend. Il m'a donné ordre de guetter l'instant de votre arrivée pour l'en prévenir, et je cours remplir ma commission.

VALMAIN, *l'arrêtant.*

Un moment. (*A part.*) Prenons un peu de cet homme quelques informations sur les habitans de cette maison. *(à Blaise.)* M. Dorson n'est-il pas un peu vieux ?

BLAISE.

Non, monsieur; c'est un homme entre deux âges, frais, gaillard et bien portant, à peu-près comme moi.

VALMAIN.

On dit qu'il est doux, honnête et bienfesant.

BLAISE.

Ah ! monsieur , il est chéri et respecté de tous ceux qui le connaissent.

VALMAIN.

Cet éloge , dans votre bouche, ne peut être soupçonné de flatterie ; il peint parfaitement le caractère de M. Dorson , et augmente le désir que j'ai de le connaître. Mais il a une fille.

BLAISE, *embarrassé.*

Oh , oui , monsieur ; c'est une famille char—mante : si vous saviez comme mam'selle Emilie est belle ?

Air : *Vous surpassez en vérité , etc.*

Pour la juger , il faut la voir :
C'est un bouton de rose ;
Ce que son cœur laisse entrevoir,
Ah ! c'est bien autre chose !
Candeur , finesse , esprit , douceur , bonté.
Mam'selle , mam'selle, mam'selle,
Est plus aimable , en vérité,
Que séduisante et belle.

VALMAIN.

Ce portrait m'intéresse et m'enchante.

BLAISE, *à part.*

Morguenne , je ne devais pas dire cela ; mam'-selle me l'avait défendu.

VALMAIN.

M. Dorson n'a-t-il pas d'autres enfans ?

BLAISE, *à part.*

Bon. Voilà qu'il me remet lui-même sur la voie.
(*Haut.*) Si fait, monsieur ; M. Dorson a encore
une seconde fille.

VALMAIN.

Ah ! ah ! est-elle aussi jolie que celle dont vous
venez de me faire le portrait ?

BLAISE.

C'est la jumelle de celle dont je vous ai parlé.
Elle lui ressemble parfaitement , à l'exception
qu'elle est Brune , et que mam'selle Emilie est
Blonde.

VALMAIN.

Elle est Brune, et l'autre est Blonde ? Voilà de
quoi satisfaire tous les goûts. Et comment s'appelle la Brune ?

BLAISE, *embarrassé.*

Elle s'appelle....(*A part.*) Diable ; je n'étais
pas préparé à cette question.

VALMAIN.

Eh bien ?

BLAISE, *embarrassé.*

Elle s'appelle..... (*Apercevant M. Dorson.*) Ah !
mon Dieu , voilà son père. Il m'avait tant recom-
mandé de venir l'avertir promptement de votre
arrivée; il va me gronder. (*A Dorson.*) Ma foi,
monsieur , vous venez fort à propos (*A part en
s'en allant.*) pour me tirer d'embarras. (*Il sort.*)

SCÈNE IX.

VALMAIN, DORSON, EMILIE.

DORSON.

Je suis charmé de la rencontre ; soyez le bien venu, monsieur ; l'amitié qui nous lie, votre père et moi, doit désormais bannir tous complimens entre nous.

VALMAIN.

Pardon, monsieur, si vous m'avez prévenu ; je demandais à un de vos gens le chemin qui conduit à votre maison, lorsque j'ai eu l'honneur de vous apercevoir.

Air : *Femmes voulez-vous éprouver ?* (du Secret).

>   Conduit en ces lieux par l'amour,
>   Sous les auspices de mon père,
>   Je trouve en vous, dans ce séjour,
>   Un ami généreux, sincère.
>   Je vois mon bonheur s'accomplir,
>   Craindrais-je, hélas ! quelques disgrâces ?
>   Quand l'amitié vient m'accueillir,
>   Et que la beauté suit ses traces.   (*bis.*)

Ma félicité sera complète, si je puis obtenir de mademoiselle un regard favorable.

DORSON.

Allons, trêve de cérémonies et de complimens : vous savez le motif qui vous amène ici.

Votre père m'a écrit que vous réunissiez toutes les qualités nécessaires pour faire le bonheur d'une femme ; j'espère que vous ne démentirez pas la bonne opinion qu'il m'a donnée de vous.

V A L M A I N.

Qui pourrait résister aux charmes de mademoiselle ? si , comme je n'en doute pas , elle joint l'esprit à la beauté , elle doit fixer le cœur le plus volage , et le mien éprouve , à son aspect, un attrait invincible.

D O R S O N.

Encore des douceurs , des propos fades ; mon Emilie ne les aime pas, je vous en préviens. Ecoutez, mon ami :

Air : *Des Portraits à la mode.*

Dans le monde , on voit de jeunes amans ,
Près de la beauté , légers , sémillans,
Faire étalage de beaux sentimens ;
C'est , dit-on , l'amour à la mode.
Honnête franchise , simplicité ;
Agir et parler avec loyauté ;
S'aimer, sur-tout , avec sincérité ;
Ici , voilà notre méthode.

V A L M A I N.

C'est la bonne, et vous me verrez m'y conformer en tout.

D O R S O N.

C'est le moyen de nous plaire : soyez donc sans

façons, et pour vous en donner le premier l'exem-
ple, je vous quitte un instant pour donner quelques
ordres.

E M I L I E.

Mon père, je vais vous suivre.

D O R S O N.

Non, ma fille, restez avec Monsieur.

E M I L I E.

J'obéis à vos ordres.

V A L M A I N, *à Dorson.*

Cette faveur est pour moi d'un prix....

D O R S O N, *à Valmain, qui le reconduit.*

Encore une fois, trêve à tous complimens.

(*Il sort.*)

E M I L I E, *à part.*

Mettons le temps à profit, et tâchons de péné-
trer le caractère de Valmain : s'il n'est que volage,
je parviendrai peut-être à le fixer.

S C È N E X.

E M I L I E , V A L M A I N.

V A L M A I N.

Souffrez, belle Emilie, que mon cœur vous
exprime la vive satisfaction qu'il éprouve, en
pensant au bonheur qu'on lui fait espérer dans
l'époux qu'on vous destine, vous voyez l'amant le

plus passionné. Oui, tel est l'effet subit que vos charmes ont produit sur moi, jamais femme plus séduisante ne s'offrit à ma vue, et toute autre beauté doit vous rendre les armes.

Air : *La lumière la plus pure.*

Heureux qui peut vous connaître !
Vous le fixez sans retour.
Qui vous voit n'est plus le maître
De contenir son amour.
Si, dans un tableau fidèle,
Je voulais peindre vos traits ;
Je vous ferais la plus belle,
Pour mieux rendre vos attraits.

Que je serais heureux, si je pouvais à mon tour parvenir à vous plaire !

E M I L I E.

A vous parler franchement je n'ai pas grande confiance dans cette galanterie affectée, langage ordinaire aux jeunes gens de votre âge. Je vous avoue que je préfère, à ces expressions frivoles, et rarement sincères, la franchise du cœur, moins apparente, peut-être, mais qui se fait mieux sentir.

Air : *On nous dit que dans l'mariage.*

Elevée auprès de mon père,
Je ne connais pas l'art trompeur ;
Mon langage est toujours sincère,
Simple, et naïf comme mon cœur ;

Je me suis fait la loi

D'aimer de bonne-foi ;

Et je renonce au mariage ,

S'il faut changer (*ter.*) d'usage.

VALMAIN.

Pourriez vous douter de ma sincérité ? ce serait me faire injure.

EMILIE.

Ces propos galans , dont vous venez de m'entretenir , vous les avez tenus à toutes les jolies femmes que vous avez rencontrées..

VALMAIN.

Je conviens que dans la fougue de l'âge , entraîné dans le tourbillon des plaisirs ; répandu dans un monde où tout n'est qu'illusion , j'ai quelquefois employé le langage trompeur de la flatterie auprès des femmes pour les charmer et les séduire ; mais aucune n'avait su me plaire et m'intéresser autant que vous ; jamais, je n'éprouvai près d'elles le sentiment délicieux qui m'attache à vous pour la vie.

Air : *Lorsque vous verrez un amant.* (du Jokei.)

Le papillon , de fleurs en fleurs ,

S'échappe et voltige sans cesse ;

Et , s'il prodigue ses faveurs ,

C'est sans épuiser sa tendresse.

L'incertitude en ses désirs ,

De son inconstance est la cause ;

Mais , pour goûter de vrais plaisirs ,

Il vient se fixer sur la rose.   (*bis.*)

Comme lui, j'ai goûté les plaisirs trompeurs de
l'inconstance ; comme lui , séduit par vos attraits
et vos vertus, je saurai me fixer.

E M I L I E.

Les vertus dans les femmes vous séduisent rarement, messieurs ;

Air : *Qu'on soit jaloux dans sa jeunesse.* (du Secret.).

 C'est la beauté, pourquoi le taire ?
 Qui, d'amour , aiguise les traits :
 Elle est coquette , elle sait plaire ,
 Et l'art embellit ses attraits. (*bis.*)
 Son esprit ajoute à ses charmes, (*bis.*)
 D'elle, alors , vous êtes épris ;
 Mais la vertu, sans d'autres armes ,
 Ah ! c'est trop peu pour des maris. (*ter.*)

V A L M A I N.

Ce tableau est un peu outré ; la beauté , sans
doute, a un grand pouvoir sur les cœurs ; c'est un
aimant qui les attire ; mais la vertu seule a le
droit de les fixer. L'une et l'autre , d'ailleurs ,
peuvent être réunies dans le même objet , et vous
m'en offrez le modèle.

E M I L I E, *à part.*

Il montre trop d'amour pour être sincère ; il est
temps que je mette son cœur à l'épreuve.

V A L M A I N.

Cruelle Emilie, vous ne répondez rien ? Cette

indifférence m'accable. Daignez, au moins, me laisser entrevoir quelque espérance.

E M I L I E.

Un plus long entretien pourrait nous embarrasser l'un et l'autre, permettez que j'aille rejoindre mon père. (*Elle salue Valmain et se retire.*)

S C È N E   X I.

V A L M A I N, *seul.*

Charmant objet ! non, jamais je ne vis une femme plus parfaite : taille élégante, un teint de lys et de rose, des yeux où se peint la candeur : ah ! c'en est fait, belle Emilie, me voilà fixé pour toujours.

Air : *Enfans chéris des Dames.* (des Visitandines.)

Près la Blonde et la Brune,
Jadis avec ardeur,
Je tentais la fortune,
Et j'en sortais vainqueur.
Aux doux plaisirs de l'inconstance,
Je m'abandonnais chaque jour ;
Sans m'arrêter à l'espérance,
Je folâtrais avec l'amour.
Ce Dieu dans mon indifférence,
Guidait et dirigeait mon cœur.
Il soulageait mes chaînes,
Et dissipait les peines,
Où nous conduit une froide langueur.
Près la Blonde et la Brune, etc.

Quel changement extrême,
Vient de se faire en moi !
Plus d'inconstance, j'aime ;
Et c'est de bonne foi.
Non, ce n'est pas folie ;
Vous avez tous mes vœux ;
Et sans vous, Emilie,
Je ne puis être heureux.
Ah ! oui, sans vous, hélas ! je ne puis être heureux.
Adieu, bonne fortune,
Adieu, plaisir trompeur ;
Je renonce à la Brune ;
Et la Blonde a mon cœur.

Puisse-t-elle répondre à mon amour, en acceptant mes vœux ! mais elle paraît bien peu disposée à m'aimer. Cette idée me tourmente. Si je pouvais mettre quelqu'un dans mes intérêts..... Le jardinier à qui j'ai parlé tantôt. Justement le voilà.

SCÈNE XII.

VALMAIN, BLAISE.

BLAISE, *apportant des pots de fleurs,
heurte un peu Valmain.*

Pardon, monsieur, je ne vous voyais pas.

VALMAIN.

Il n'y a pas de mal, mon ami.

BLAISE.

Dame, voyez vous, on est occupé de son

ouvrage, et l'on ne pense qu'à cela. J'apporte ces pots de fleurs pour les mettre dans cette serre à l'abri du soleil ; mais si je vous gêne.....

VALMAIN.

Non, au contraire, j'ai grand plaisir à causer avec vous ; votre gaieté me réjouit.

BLAISE.

Monsieur est bien honnête...... Eh ! vous avez vu mam'selle Emilie ?

VALMAIN.

Oui, je l'ai vue, et je l'ai trouvée plus belle encore que le portrait que vous m'en aviez fait.

BLAISE.

Oh ! j'étais bien sûr qu'elle vous plairait ; on est jeune, sensible ; on voit une jolie femme, on en devient bien vîte amoureux.

VALMAIN.

Sans doute. Mais pour être parfaitement heureux, il faudrait inspirer le même sentiment à l'objet qu'on aime.

BLAISE.

C'est ce qui arrive presque toujours, quand on sait bien s'y prendre.

VALMAIN.

Comment donc ? on dirait que vous avez été amoureux.

BLAISE.

Dame, j'ai eu mon tour, et je m'en rappelle toujours avec plaisir.

Air : *Suson sortit de son village.* (de Marianne.)

Louise était aimable et sage,
J'en fus épris en la voyant :
On est si naïf au village,
Que tout objet paraît charmant
D'abord, nos yeux
Parlant au mieux,
En peu de temps se firent bien comprendre ;
Puis, doucement,
Le sentiment,
Dans nos discours, s'expliqua clairement.
Puis.... l'amour, qui sut nous entendre,
Vîte couronna notre ardeur.
Quand on est si près du bonheur,
On ne peut guère attendre.   (*bis.*)

Mais, je m'amuse à bavarder là, moi ; pendant ce temps mes fleurs restent au soleil, et mam'selle Emilie serait bien fâchée si elles venaient à en souffrir.

VALMAIN.

Comment ! Emilie aime donc les fleurs.

BLAISE.

Si elle les aime ? Ah ! mon Dieu, si elle était maîtresse, il n'y aurait que cela dans le jardin.

VALMAIN.

Puis-je, sans rien gâter, en cueillir quelques-unes pour elle ?

BLAISE.

A votre service, monsieur, aussi bien, y a-t-il là
quelques tiges qui ont besoin d'être coupées. Mais,
dépêchez-vous, car j'entends venir quelqu'un.

*(Valmain coupe quelques fleurs et en forme
un bouquet).*

SCÈNE XIII.

EMILIE, VALMAIN, BLAISE.

EMILIE, *arrive déguisée en brune, sans avoir
l'air d'apercevoir Valmain.*

Blaise, Blaise.

BLAISE, *courant à elle.*

Plaît-il, mam'selle..... (*A part en revenant.*)
Que diable veut-elle faire avec ce déguisement là?

EMILIE.

Eh bien ! as-tu préparé les fleurs que je t'ai
demandées?

BLAISE.

Mais, mam'selle Emilie......

EMILIE.

Il ne s'agit pas ici d'Emilie, et je crois que
quand Julie te donne des ordres, tu dois de même
les exécuter.

BLAISE.

(*A part*). J'entends, c'est Julie qu'il faut l'ap
peler. (*Haut.*) Mam'selle Julie.....

VALMAIN, *à part.*

Sans doute , cette Julie est la seconde fille de M. Dorson ; elle est fort bien.

EMILIE, *à Blaise.*

Pourquoi cet air étonné ? Je vois que tu n'as rien fait de ce que je t'avais ordonné.

BLAISE, *embarrassé.*

Pardonnez moi.

EMILIE.

Mais, enfin, ces fleurs ?....

VALMAIN, *à part.*

Ce petit air mutin lui sied à merveille.

BLAISE, *à part.*

Ma foi, je ne sais que lui répondre.

EMILIE.

Eh bien ! ces fleurs ?

BLAISE.

Pardine .... ces fleurs ..... les voici , j'allais les porter dans la serre.....

EMILIE.

Ce ne sont pas là les ordres que je t'avais donné. Je t'avais dit de les porter dans mon appartement.

VALMAIN, *à part.*

Elle est vive et piquante.

BLAISE, *étonné.*

Dans votre appartement ?

E M I L I E.

Sans doute. (*apercevant Valmain.*). Ah ! pardon, monsieur, je ne vous avais pas vu : vous êtes surement M. Valmain qu'on attend ici pour épouser ma sœur.

B L A I S E, *à part.*

Sa sœur ? ah ! je commence à comprendre.

V A L M A I N.

Il est vrai que le motif de mon voyage est de resserrer, par mon mariage avec une fille de M. Dorson, les nœuds de l'ancienne amitié qui existe entre lui et mon père; mais j'ignore encore à laquelle j'aurai le bonheur de m'unir.

E M I L I E.

Vous l'ignorez ? Vous avez cependant déjà vu Emilie.

B L A I S E, *se tenant à l'écart.*

Sans faire semblant de rien, restons un peu pour voir comment cela finira.

V A L M A I N.

Il est vrai; j'ai eu un moment ce plaisir, mais trouvez bon que je m'occupe, à présent, de l'heureuse rencontre que le hasard me procure.

E M I L I E.

(*A part*). Mon stratagême réussit. (*Haut.*) Vous tenez un bouquet ? Pourrait-on savoir à qui il est destiné ? ce n'est surement pas à moi ?

VALMAIN.

Air : *Des deux Veuves.*

Lorsque j'ai cueilli ce bouquet ,
Je l'ai fait pour la plus jolie ;
Et sans le savoir je l'ai fait
Pour vous le remettre Julie.
Ces fleurs échappent de ma main ,
Vers vous un penchant les entraîne ;
Elles veulent, sur votre sein ,
Rendre hommage à leur souveraine.

EMILIE.

Il faut avouer que la galanterie est une ressource bien féconde auprès des femmes.

Air : *Du Vaudeville du Jokei.*

En vain, par un faible détour ,
Vous voudriez tromper Julie :
Celle qu'on voit des yeux d'amour ,
Paraît être la plus jolie.
Pour éprouver vos sentimens ,
J'accepte ce premier hommage. (*Elle prend le bouquet.*)
On peut oublier des sermens :
On ne peut contredire un gage.

VALMAIN, *à part.*

Me voilà engagé . . . . que va dire Emilie ?

EMILIE, *à part.*

Voilà l'effet de cette légèreté dont mon père m'avait prévenue.

VALMAIN, *embarrassé.*

Mademoiselle, ce bouquet. . . . .

E M I L I E.

En l'acceptant, je sais à quoi je m'engage.
Cependant, je vous en avertis de bonne-foi, ne
comptez pas sur moi ; je suis d'une inconstance,
d'une légèreté.....

V A L M A I N.

Avec autant d'attraits avoir un cœur insen-
sible, c'est bien difficile à croire. Peut-être vous
trompez-vous vous-même ; écoutez :

Air : *Du Jaloux malgré lui.*

> Souvent on croit être volage,
> Avant d'avoir connu l'amour ;
> Pour faire changer de langage,
> Il suffit quelquefois d'un jour.
> Ah ! quittez votre indifférence !
> C'est pour aimer qu'est fait le cœur.
> Croyez-moi, belle sans constance,
> Est une rose sans odeur.

E M I L I E, *avec finesse.*

Vous croyez donc que l'indécision et l'inconstance sont deux grands défauts.

V A L M A I N.

Ah ! Julie, peut-on ne pas les condamner quand
on est près de vous ! l'être indécis est toujours
malheureux. Occupé de mille objets différens, son
cœur, blessé de plusieurs traits, éprouve les tour-
mens et les peines de l'amour, sans jamais en connaître les plaisirs. L'inconstant ne connaît pas le

prix d'un attachement durable, son cœur n'est pour rien dans les inclinations qu'il forme; il trompe des êtres confians et sensibles. Ah! pour le corriger, il ne devrait jamais trouver que des cœurs cruels.

EMILIE, *avec finesse.*

Vous êtes un peu sévère : cependant le portrait que vous venez de tracer m'a paru si frappant, que je n'ai pas été maîtresse d'une émotion intérieure, et comme je ne suis pas du tout tentée de me convertir, je ne veux pas encourir les risques plus long-temps.

Air : *Du Vaudeville d'Arlequin afficheur.*

Je voudrais d'un peu de retour
Pouvoir payer votre tendresse,
Je ne puis céder à l'amour,
De le braver j'ai la faiblesse.
Mais si jamais, pour un époux,
Je fixe mon indifférence,
Je viendrai prendre auprès de vous
Des leçons de constance.

VALMAIN.
Quoi! vous me quittez, belle Julie...(*Elle sort.*)

SCÈNE XIV.

VALMAIN, BLAISE.

BLAISE, *à part.*

Il est complétement attrapé.

VALMAIN

Cette sortie précipitée, cet air presque ironi-
que, qui a accompagné ses dernières paroles, me
causent la plus vive inquiétude.

BLAISE, *à part.*

Il paraît embarrassé : laissons-le dans ses réflexions. (*Il sort.*)

SCÈNE XV.

VALMAIN, *seul.*

Soupçonnerait-elle que, déjà épris d'Emilie,
je lui ai fais l'aveu de mon amour? Mais, pourquoi
m'appesantir sur une pareille idée ? Quel aveu
aurais-je pu faire à Emilie? Je n'ai rien senti pour
elle. A la vérité, je lui ai trouvé quelques charmes ;
mais ce n'est pas Julie. Ah! Julie, je sens que vos
attraits ont fait à mon cœur une profonde bles-
sure ! Tantôt en voyant Emilie, je croyais l'aimer,
et dans l'enthousiasme du premier moment, j'ac-
cordais à la Blonde le prix de la beauté. Quelle
erreur était la mienne ! et combien je suis dé-
trompé.

Air : *On vante partout les Anglaises.* (Reprise de Toulon.)

> La Blonde sensible et jolie,
> Plait et séduit par sa douceur;
> Mais la Brune, par sa folie,
> Sait bien mieux captiver un cœur.

L'une aime avec plus de tendresse ;
L'autre a pour guide le désir ,
Œil fripon , minois plein d'adresse ,
Tout en elle invite au plaisir.
    La Blonde sensible , etc.

Blonde est une fleur que l'aurore,
Au matin voit épanouir :
Brune est le bouton prêt d'éclore,
Qu'en jouant entr'ouvre zéphir.

La Blonde sensible et jolie,
M'avait séduit par sa douceur ;
Mais la Brune , par sa folie,
Pour jamais captive mon cœur.

Je serai donc toujours forcé de croire qu'un
seul objet ne peut réunir les grâces que nous
offrent séparément la Blonde et la Brune. Si pour-
tant M. Dorson me destinait la main d'Emilie....
M. Dorson est juste, généreux : je lui peindrai ma
situation , je lui dirai.......... Mais quelqu'un
s'avance ; c'est lui-même ; Emilie l'accompagne :
cachons leurs, s'il se peut, l'état de mon cœur

SCÈNE XVI.

VALMAIN, DORSON, EMILIE.

DORSON.

Vous vous faites attendre, Valmain ; surpris de
ce que vous ne veniez pas nous rejoindre, nous

arrivons, ma fille et moi, pour vous engager à vous réunir à nous.

VALMAIN.

Pardon, monsieur; je m'étais arrêté un moment pour admirer les beautés de votre jardin, et j'allais vous rejoindre.

(Valmain va pour saluer Emilie, et il est surpris de voir à son côté le bouquet qu'il a offert à Julie.)

DORSON.

Vous paraissez rêveur.

EMILIE.

J'en devine le motif : la vue de mon bouquet l'a un peu surpris.

VALMAIN.

Je conviens mademoiselle........

EMILIE.

Qu'il ne m'était pas destiné, je le sais. Vous en aviez fait hommage à Julie qui n'a pu me le refuser.

DORSON.

Vous avez donc vu sa sœur ?

VALMAIN.

J'ai eu le plaisir de m'entretenir un instant avec elle.

EMILIE.

Assez long-temps même, et monsieur a été très-galant : ce bouquet en est la preuve.

VALMAIN.

Vous me paraissez bien instruite, mademoiselle.

(*A part.*) Julie est une indiscrète, mais Emilie
me paraît jalouse, et je veux la piquer. (*Haut.*)
Je ne puis vous cacher que mademoiselle votre
sœur ma paru charmante.

Air : *Il faut quitter ce que j'adore.* (du Jokei.)

>Julie ajoute à tous ses charmes,
>Beaucoup d'esprit et de gaieté ;
>Et se sont de puissantes armes,
>Entre les mains de la beauté :
>Avec finesse elle s'assure
>Du pouvoir qu'elle a sur les cœurs ;
>Et, sans en craindre la blessure,
>On s'expose à ses traits vainqueurs.

EMILIE.

Cet éloge de Julie est bien flatteur pour elle ;
mais je pourrais avoir à m'en plaindre, et la viva-
cité que vous mettez à vanter ses talens et ses
charmes, fait naître en moi de violens soupçons
sur votre légèreté.

SCÈNE XVII *et dernière.*

VALMAIN, DORSON, EMILIE, BLAISE.

BLAISE, *à part, dans le fond du théâtre.*

Parguenne, je veux voir comment le futur va se
tirer de l'embarras où l'a mis mam'selle Emilie.

VALMAIN.

Ne peut-on rendre hommage à la beauté, sans
être soupçonné d'inconstance et de frivolité ?

DORSON.

Ecoutez, mon ami; vous êtes venu pour épouser ma fille : deux objets se sont présentés à votre vue et laissent votre cœur dans l'incertitude : agissez sans contrainte; votre choix est libre entre Julie et Emilie : c'est à vous de décider à laquelle des deux vous donnez la préférence.

BLAISE, *à part.*

Le pauvre jeune homme; s'il voulait me regarder, je l'aurais bientôt mis dans le secret moi, d'un clin d'œil.

VALMAIN, *à part.*

Quelle cruelle position !

EMILIE.

Mon père , ne pressez pas monsieur; son choix pourrait l'embarrasser; peut-être ni l'une ni l'autre n'ont eu le bonheur de lui plaire.

VALMAIN.

Ce reproche est sensible, mademoiselle ; mon embarras n'existe que sur la difficulté d'établir ici mon choix.

Air : *Quand l'amour naquit à Cythère.*

Quand Pâris fut choisi pour juge ,
Entre les trois Divinités ;
L'embarras devint son refuge ,
Pour décider de leurs beautés.
Mais Junon fut jalouse et fière ,
Minerve affecta du mépris ,
Vénus eut le talent de plaire ,
Et de sa main reçut le prix.

Je ne ferai pas la folie,
Comme lui, d'arrêter mon choix ;
Car d'Emilie et de Julie,
Mon cœur voudrait suivre les lois.
L'une et l'autre ont sur ma tendresse
Des droits que je ne puis fixer ;
C'est en vain qu'ici l'on me presse ,
Je me refuse à prononcer.

Ah ! je serais bientôt décidé, si les grâces, l'esprit et les talens de chacune étaient réunis en une seule.

BLAISE.

Son choix est fait.

DORSON.

Blaise a dit le mot, votre choix est fait. Soyez heureux, mon cher Valmain , ma fille est à vous.

VALMAIN.

Que dites-vous, monsieur ? ma surprise est extrême.

DORSON.

Je le crois.

Air : *On doit soixante mille francs.* (des Dettes.)

On aime deux objets charmans,
Tous deux aimables , séduisans ;
  Voilà ce qui désole.   (*bis.*)
Mais par un hasard peu commun,
Si ces deux objets n'en font qu'un ,
  Alors on se console.   (*bis.*)

VALMAIN.

Vous augmentez mon embarras , et.........

E M I L I E.

C'est à moi de le faire cesser et de vous expliquer ce mystère. Instruite que vous réunissiez toutes les qualités capables de faire le bonheur d'une femme; mais que vous étiez un peu léger, que votre cœur incertain entre la Blonde et la Brune ne savait sur laquelle des deux arrêter son choix; j'ai voulu, par un simple déguisement, vous intéresser sous ces deux formes. En moi, vous voyez Emilie et Julie. Je désirais, en intrigant votre esprit, embarrasser votre cœur; j'ai réussi. Heureuse si, par ce stratagême que je ne me suis permis que pour assurer mon bonheur, j'ai pu fixer votre incertitude.

V A L M A I N.

Ah! belle Emilie, uqe ne vous dois-je pas! l'aimable leçon que vous venez de me donner restera pour jamais gravée dans mon cœur. Sûr de trouver dans une épouse adorée tout ce qui peut fixer une ame honnête et sensible, j'abjure mes erreurs et je suis à vous pour la vie.

B L A I S E.

Me voilà content, mam'selle a conduit sa petite intrigue au mieux.

V A L M A I N.

Blaise était donc aussi dans le secret.

B L A I S E.

Je ne le savais qu'à moitié.

DORSON.

J'assure enfin le bonheur de ma fille, en lui donnant un époux digne d'elle ; ma satisfaction sera complète, Valmain, si vous me confirmez dans l'espoir que j'ai de vous voir fixer ici votre séjour.

VALMAIN.

C'est mon dessein. Partageant mes soins entre le sentiment de la nature et celui de l'amour, j'oublierai sans peine en ce séjour tranquille les attraits séduisans d'un monde léger et frivole, et je goûterai près de vous les douceurs d'un amour fidèle et constant.

EMILIE.

Cette résolution, Valmain, achève de développer les bonnes qualités de votre cœur, et justifie mon choix, en vous acceptant pour époux.

DORSON.

Rentrons à la maison ; je veux tout disposer pour terminer au plutôt cet heureux hymenée.

VAUDEVILLE.

Air : *La comédie est un miroir.*

Dans le tourbillon des plaisirs,
Un jeune homme à la fleur de l'âge,
Guidé par ses brûlans désirs,
A toutes beautés, rend hommage.
Heureux dans ses divers amours,
Son inconstance l'importune ;
Il finit par être toujours,
Fixé par la Blonde ou la Brune.

VALMAIN.

Femme pour captiver un cœur,
En vain compte sur sa figure;
Esprit, gaieté, vertu, douceur,
Rendent sa conquête plus sûre.
L'art de plaire est un talisman,
Qui doit être utile à chacune;
Amour l'accorde également
A la Blonde comme à la Brune.

BLAISE.

Sur les goûts et sur les couleurs,
Il ne faut jamais qu'on dispute;
C'est un proverbe des meilleurs,
Et, bien loin que je le réfute,
Je soutiens qu'en amour, les goûts
Sont de nature peu commune;
Le mieux, pour les accorder tous,
C'est d'aimer la Blonde et la Brune.

EMILIE, *au Public*.

Interprète d'un jeune Auteur,
Je réclame votre indulgence;
Offrir l'art de fixer un cœur,
C'est beaucoup hasarder en France.
Mais que sa morale à vos yeux
N'aille pas trop faire fortune;
Et venez souvent dans ces lieux,
Courtiser la Blonde et la Brune.

FIN.